I Love

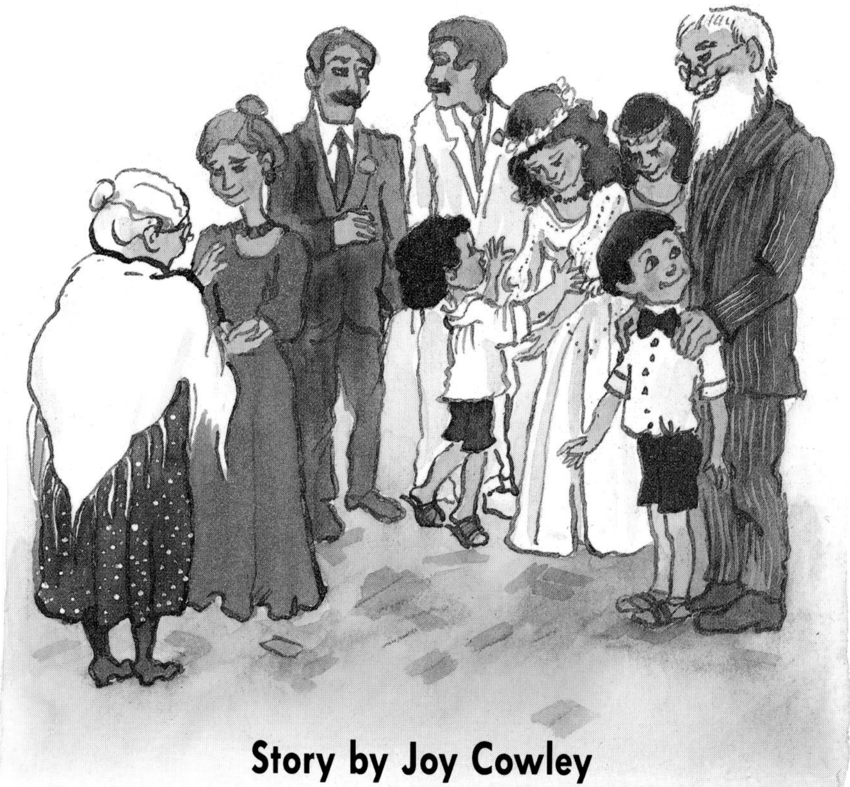

Story by Joy Cowley

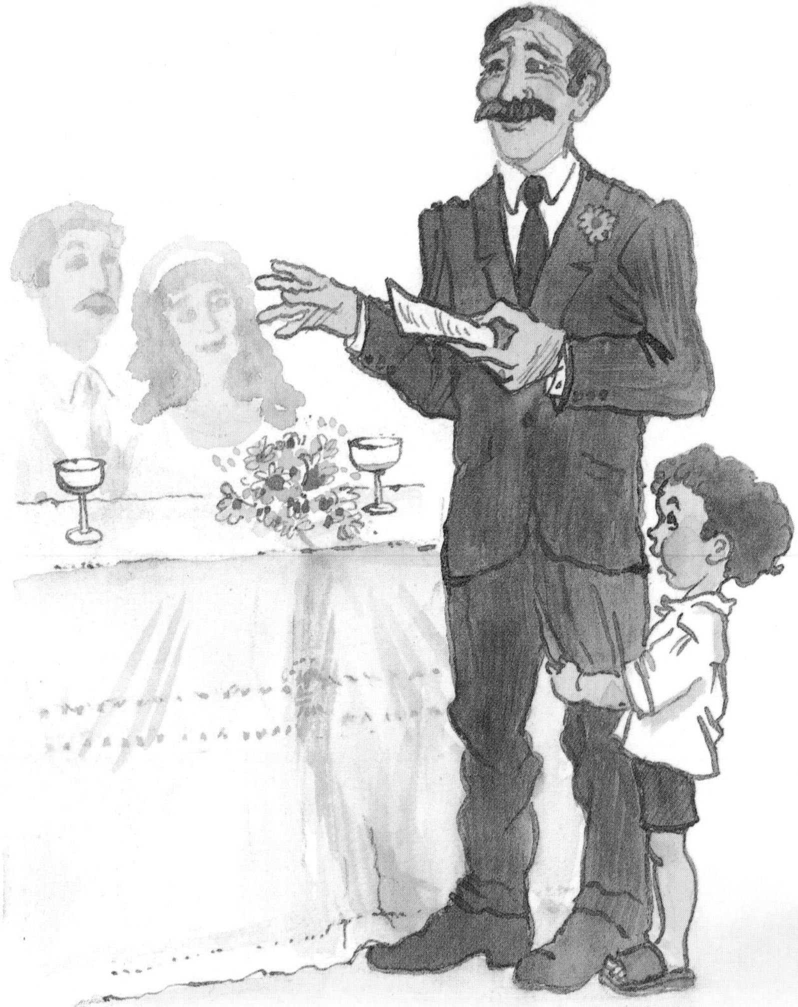

I love my father.

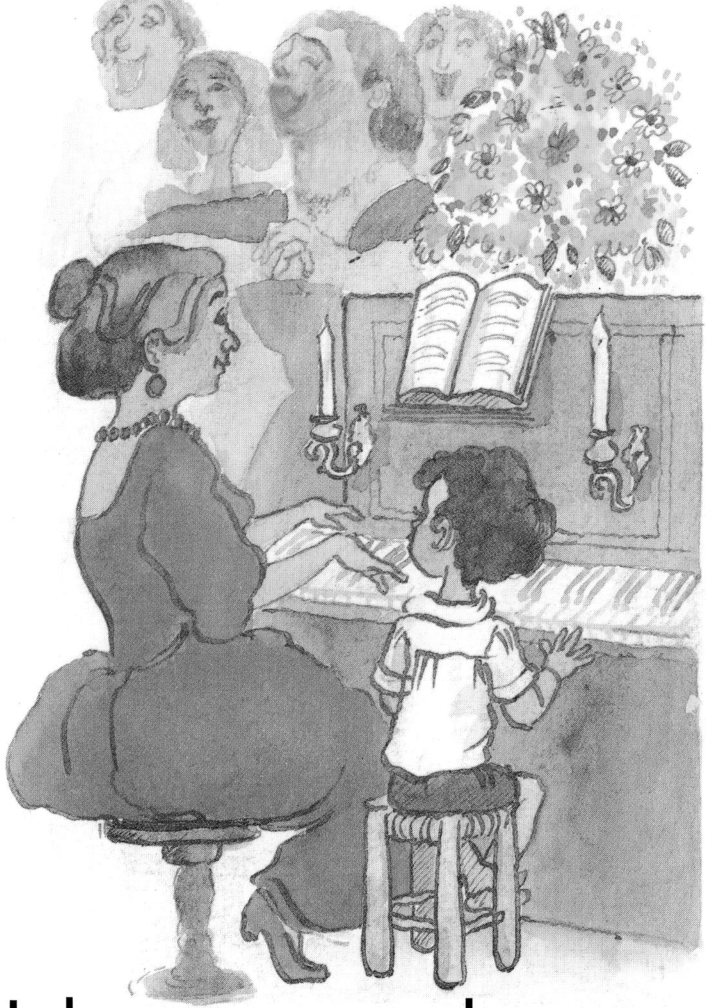

I love my mother.

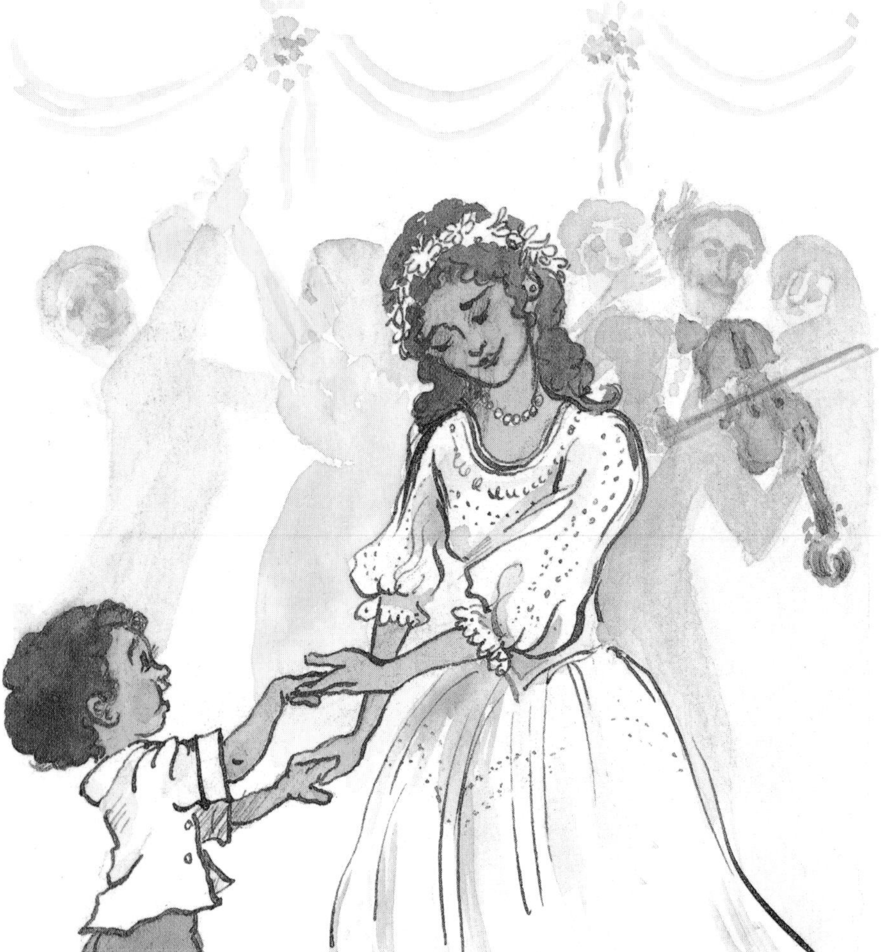

I love my sister.

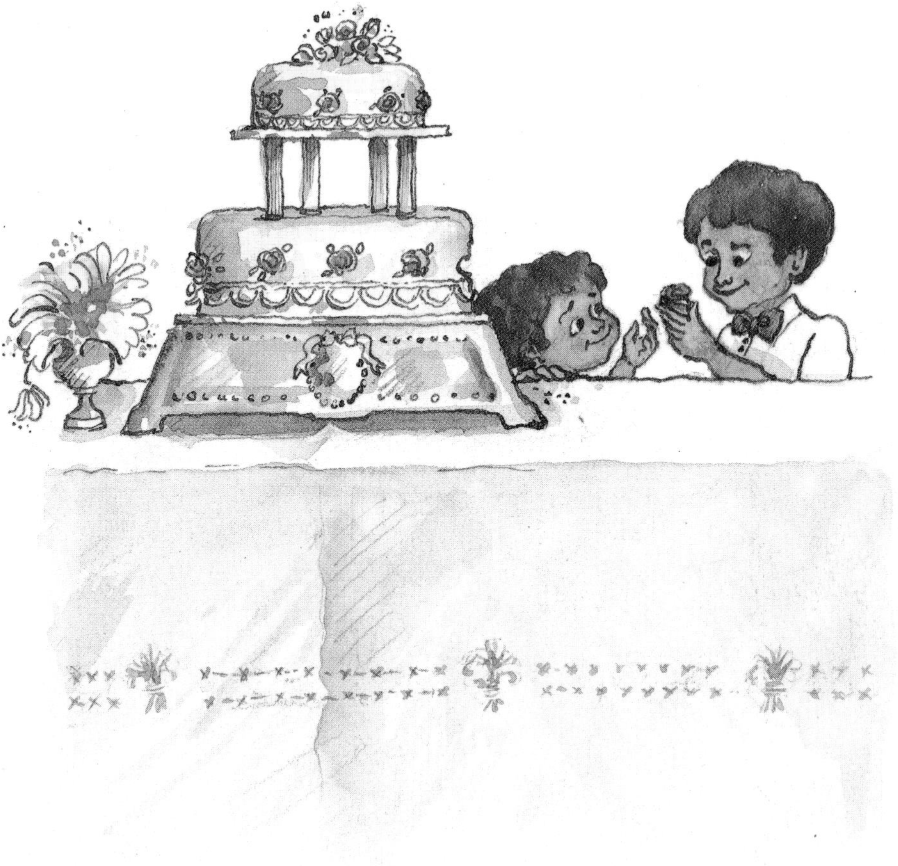

I love my brother.

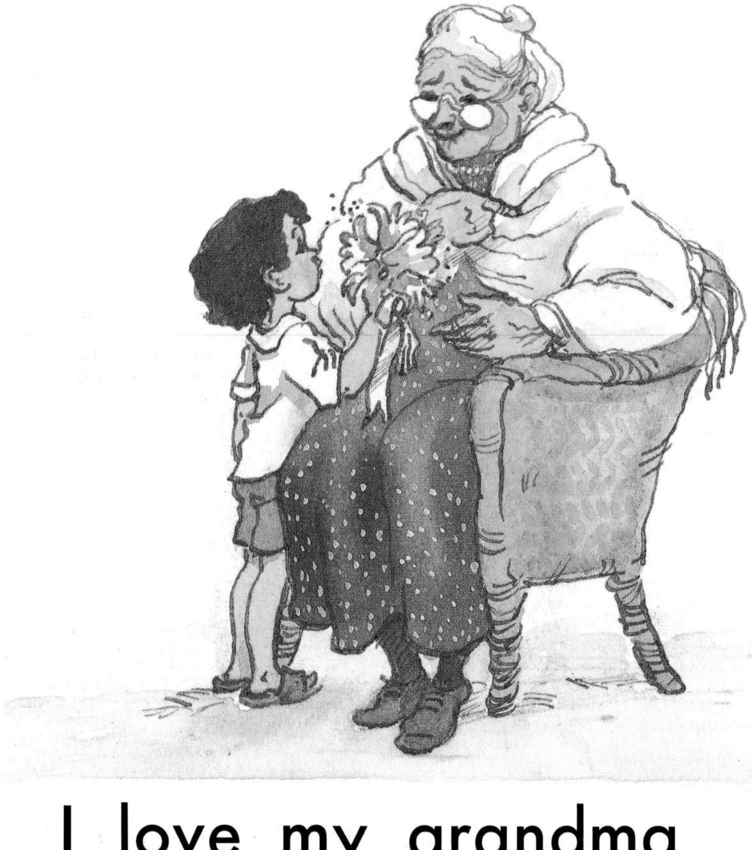

I love my grandma.

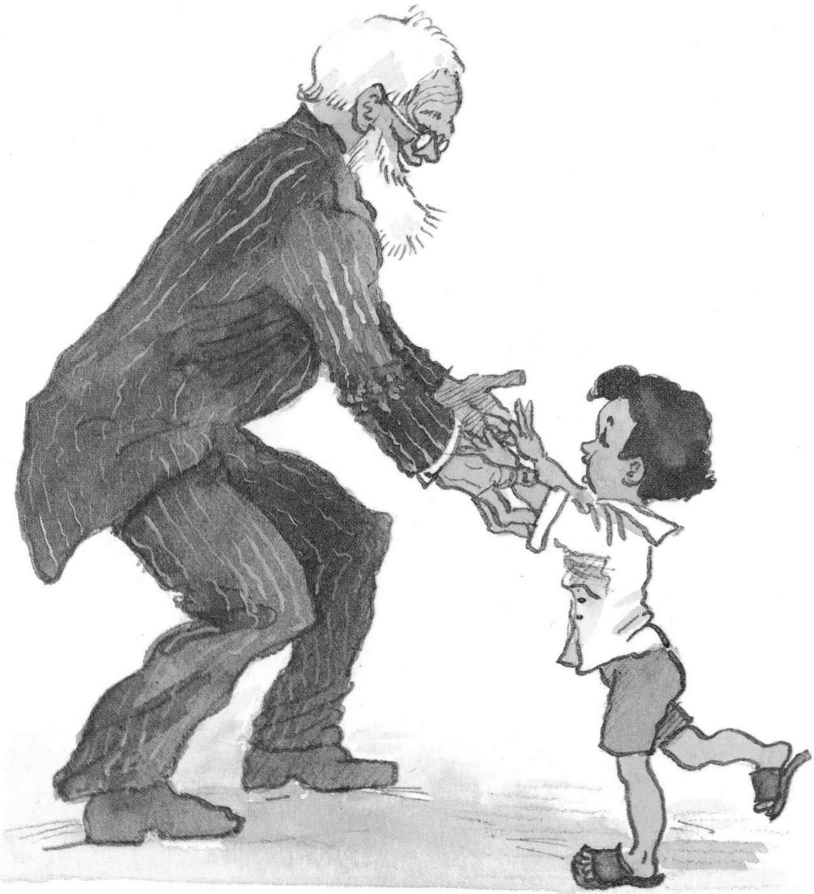

I love my grandpa.

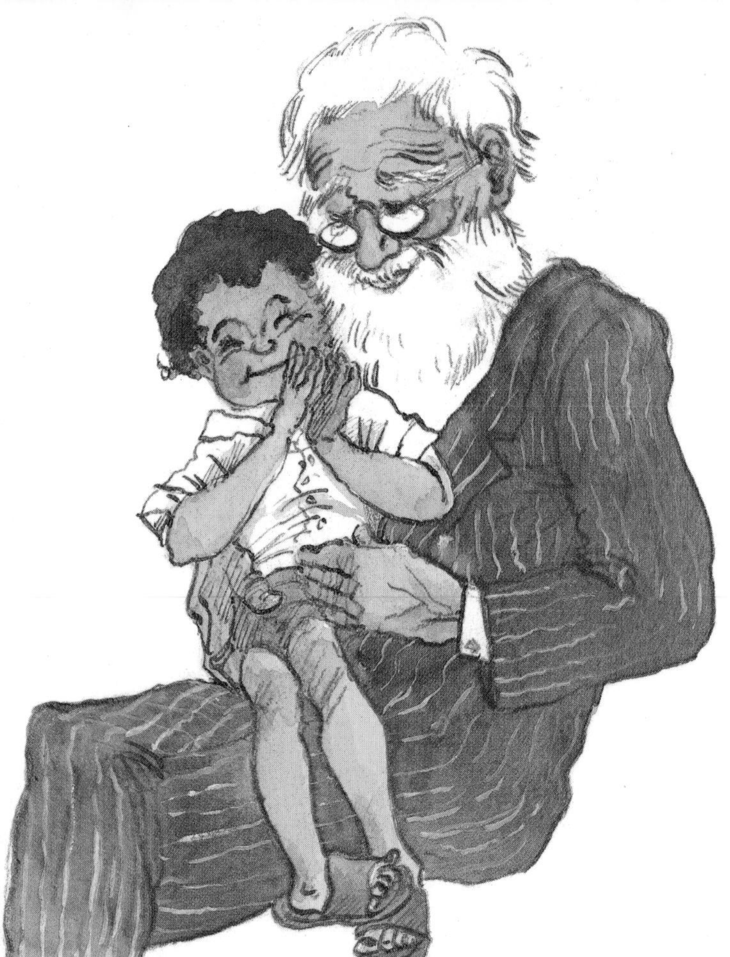

But I don't love
my grandpa's whiskers.